# BEI GRIN MACHT SICH IHR
# WISSEN BEZAHLT

- Wir veröffentlichen Ihre Hausarbeit,
  Bachelor- und Masterarbeit

- Ihr eigenes eBook und Buch -
  weltweit in allen wichtigen Shops

- Verdienen Sie an jedem Verkauf

## Jetzt bei www.GRIN.com hochladen
## und kostenlos publizieren

**Bibliografische Information der Deutschen Nationalbibliothek:**

Die Deutsche Bibliothek verzeichnet diese Publikation in der Deutschen National-bibliografie; detaillierte bibliografische Daten sind im Internet über http://dnb.d-nb.de/ abrufbar.

**Impressum:**

Copyright © 2019 GRIN Verlag
Druck und Bindung: Books on Demand GmbH, Norderstedt Germany
ISBN: 9783346050809

**Dieses Buch bei GRIN:**

https://www.grin.com/document/502992

Sven Arp

# Stauffenberg. Vom Verräter zum Held einer Nation

## Eine Untersuchung seines Lebens und des Attentats auf Hitler

GRIN Verlag

**GRIN - Your knowledge has value**

Der GRIN Verlag publiziert seit 1998 wissenschaftliche Arbeiten von Studenten, Hochschullehrern und anderen Akademikern als eBook und gedrucktes Buch. Die Verlagswebsite www.grin.com ist die ideale Plattform zur Veröffentlichung von Hausarbeiten, Abschlussarbeiten, wissenschaftlichen Aufsätzen, Dissertationen und Fachbüchern.

**Besuchen Sie uns im Internet:**

http://www.grin.com/

http://www.facebook.com/grincom

http://www.twitter.com/grin_com

Facharbeit im Leistungskurs Geschichte

Gymnasium Rodenkirchen, Köln

Schuljahr: 2018/2019

# Stauffenberg – Held oder Verräter?

# Sicht auf Stauffenberg im Laufe der Zeit

# von 1944 bis 2019

Vorgelegt von:

Sven Arp

29. März 2019

# Inhaltsverzeichnis

# 1 Einleitung

Die Zeit des Nationalsozialismus und der zweite Weltkrieg sind entscheidende Phasen unserer Geschichte. Vor einiger Zeit sah ich eine Dokumentation mit der Fragestellung: „Was wäre, wenn das Attentat von Claus Schenk Graf von Stauffenberg am 20. Juli 1944 auf Adolf Hitler erfolgreich gewesen wäre?". Diese Frage ist sehr spekulativ und lässt sich nicht wirklich beantworten. Sie weckte aber mein Interesse an der Person Stauffenberg und dem Ereignis des Attentats. Bei der näheren Beschäftigung mit dem Thema wurde mir bewusst, dass sich die Einschätzung und Bewertung zur Persönlichkeit und seiner Aktion mit der Zeit veränderten.

Bis heute erscheinen immer wieder neue Bücher über Stauffenberg. Dies zeigt, dass diese Persönlichkeit in ihrer Vielschichtigkeit bis heute immer wieder neu diskutiert wird. In der Facharbeit beschäftige ich mich erst mit dem Lebenslauf, dazu gehört seine Jugend, sein Werdegang in der Wehrmacht, und die Entscheidung zum Widerstand. Für die spätere Bewertung Stauffenbergs beschreibe ich das Attentat des 20. Juli 1944 und warum dieses scheiterte. Im nächsten Schritt stelle ich die Frage, wie sich die Sicht auf Stauffenberg und das Attentat im Laufe der Zeit veränderte.

75 Jahre nach dem Ereignis macht sich am Beispiel Stauffenbergs fest, in welchem Maße der Einzelne mit einer moralischen Entscheidung in die Geschichte eingreifen kann. Auch wenn er dabei scheitert, kann er bis heute als Vorbild oder sogar als Held aufgefasst werden.

## 2 Die Person Stauffenberg

Claus Philip Maria Schenk Graf von Stauffenberg wurde am 15. November 1907 in Jettingen geboren und am 20. Juli 1944 von der Wehrmacht hingerichtet. Er war Teil einer katholischen Adelsfamilie und kam als dritter Sohn mit seinem Zwillingsbruder Konrad Maria zur Welt, welcher aber einen Tag nach der Geburt verstarb. Der Vater von Claus von Stauffenberg war Oberhofmarschall. Mütterlicherseits hatte Stauffenberg Preußische Vorfahren. Beide Eltern waren Teile einer Adelsfamilie.[1] Sein Onkel mütterlicherseits war prägend für seine Beteiligung am Widerstand.[2]

### 2.1 Kindheit, Jugend und Karriere

Claus von Stauffenberg besuchte das Eberhard-Ludwigs-Gymnasium in Stuttgart, und lernte dort die „Neupfadfinder" kennen, eine Gruppe der bündischen Jugend. Das Familienleben um Stauffenberg wird als sehr harmonisch beschrieben. Durch die Mutter wurde das literarisch-künstlerische Element mit in den Familienkreis eingebracht. Der Vater hatte cholerische Ausbrüche, die die Kinder aber zu ertragen lernten. Durch ihn lernten die drei Brüder auch praktische Fähigkeiten.[3] Alle drei Kinder wurden katholisch erzogen, da der Vater katholisch war, und es üblich war, die Kinder nach der Konfession des Vaters zu erziehen. Allerdings war der Umgang mit der Religion nicht so streng, wie in einem vollkatholischen Haushalt. Claus Bruder, Berthold von Stauffenberg, sagte im Gestapo Gefängnis: „Wir sind zwar nicht das, was man im eigentlichen Sinne gläubige Katholiken nennt. Wir gingen nur selten zur Kirche und nicht zur Beichte."[4] Stauffenberg selber war schon sehr früh politisch interessiert. 1913, da war er 5 Jahre alt, beschäftigte er sich mit einer möglichen Lösung des Zweiten Balkankrieges. Noch bevor er ins Gymnasium kam, hatte er oft politische Gespräche mit seiner Hauslehrerin, die ihn bis zum Gymnasium unterrichtete. Der 1. Weltkrieg prägte ihn schon sehr früh. Es wird berichtet, dass er die Meldungen von der Front immer aufmerksam verfolgte. Claus von Stauffenberg trat am 1. April 1926 als Fahnenjunker in das 17. Bayerische Reiterregiment ein. Am 5. März bestand er die Reifeprüfung mit leicht überdurchschnittlichen Noten nach einem zweiten Versuch. Sein Berufsziel war nun offiziell „Offizier". Mit fünfzehn Jahren lernte er zusammen mit seinen zwei Brüdern den Dichter

---

[1] Ulrich Schlie, Claus Schenk Graf von Stauffenberg – Biografie, Seite 56
[2] https://de.wikipedia.org/wiki/Claus_Schenk_Graf_von_Stauffenberg
[3] Ulrich Schlie, Claus Schenk Graf von Stauffenberg – Biografie, Seite 58
[4] Hans-Adolf Jacobsen, Opposition gegen Hitler und der Staatsstreich vom 20. Juli 1944 in der SD Berichterstattung in: Ulrich Schlie, Claus Schenk Graf von Stauffenberg – Biografie, Seite 59

Stefan George kennen. Dieser prägte Stauffenbergs geistige Einstellung bis zu seinem 26. Lebensjahr maßgeblich. Der Historiker Walter Bußmann, welcher mit Claus von Stauffenberg im Generalstab des Heeres im 2. Weltkrieg zusammengearbeitet hatte, sagte später: „Die Wirkung, die George auf ihn ausgeübt hatte, übertrug Stauffenberg auch auf die Männer, die mit ihm im Widerstand zusammenarbeiteten."[5] Stefan George wurde von seinem Anhängerkreis als eine Art Führer verehrt, der diese in ein neues Reich führen sollte. Viele von ihnen wurden glühende Anhänger des Nationalsozialismus.[6]

Stauffenbergs militärische Karriere ging sehr steil nach oben. Im Dezember 1928 wurde er, mittlerweile Oberfähnrich[7], an die Kavallerieschule in Hannover versetzt, wo er die Offiziersprüfung als Jahrgangsbester abschloss. Anschließend ging er zu seinem Regiment nach Bamberg zurück, wo er am 1. Januar 1930 zum Leutnant mit Ehrensäbel befördert wurde. „Dem Staat zu dienen, dieser Grundsatz stand von da an über seinem Leben.", schreibt sein Biograf Ulrich Schlie.[8]

## 2.2 Wehrmacht

Der Begriff Wehrmacht bezeichnet seit Mitte des 19. Jahrhunderts die Streitkräfte eines Landes. Während der Weimarer Republik bestand die deutsche Wehrmacht aus Reichswehr und Reichsmarine. Ab 1935 verwenden die NS-Machthaber nur noch den Begriff Wehrmacht für die Gesamtheit der Streitkräfte. Anders als die Parteiarmee SA, war die Wehrmacht zumindest anfänglich eine rein militärische Organisation. Viele Mitglieder, vor allem die Offiziere der Wehrmacht, erhofften sich aber vom Hitler-Regime „die Beseitigung der ‚Versailler Schmach'[9]" und eine Stärkung ihrer Macht innerhalb des Staates[10]. Im April 1932 sprach sich Stauffenberg bei der Wahl des Reichspräsidenten gegen Paul von Hindenburg und für Adolf Hitler aus. Mündliche Überlieferungen sagen, dass Stauffenberg am 30. Januar 1933 in Uniform an der Spitze einer Menschenmenge den Nationalsozialistischen Sieg gefeiert haben soll.[11] Dies konnte aber von keinem Augenzeugen bestätigt werden. Es ist allerdings ein Brief an den Dichter Stefan George bekannt, in dem es heißt:

---

[5] Walter Bußmann über Claus Schenk Graf von Stauffenberg. In: Ulrich Schlie, Claus Schenk Graf von Stauffenberg – Biografie, Seite 64
[6] Ulrich Schlie, Claus Schenk Graf von Stauffenberg – Biografie, Seite 66
[7] Ulrich Schlie, Claus Schenk Graf von Stauffenberg – Biografie, Seite 72
[8] Ulrich Schlie in: Claus Schenk Graf von Stauffenberg – Biografie, Ulrich Schlie, Seite 73
[9] Joachim Fest, Staatsstreich, Der lange Weg zum 20. Juli S. 42
[10] Joachim Fest, Staatsstreich, Der lange Weg zum 20. Juli S. 43
[11] Ulrich Schlie, Claus Schenk Graf von Stauffenberg – Biografie, Seite 75

Im übrigen hat die letzte – wie jede revolution – gelegenheit zu recht interessanten beobachtungen menschlicher werte gegeben. bei aller verstellungskunst – bei revolutionen kann der bürger sich nicht mehr verstellen! Im übrigen, bei aller gleichschaltung und dem gesetz der totalität: Für uns ist das alles nicht neu, und schon jetzt ist zu sehen: Keine partei, sondern herren machen umwälzungen. Und jeder, der für seine herrschaft einen sicheren sockel sich baut, ist ob seiner klugheit zu loben.[12]

Stauffenberg konnte also der „nationalen Erhebung"[13] durchaus positive Aspekte abgewinnen.

Am 1. Mai 1933 wurde Stauffenberg zum Oberleutnant befördert, was seine Aufstiegsmöglichkeiten beim Militär noch einmal verbesserte. Am 1. Oktober 1936 erreichte seine Karriere dann einen Höhepunkt, als Stauffenberg seine zweijährige Militärstabsausbildung antrat. Er war einer von einhundert Offizieren, die Generalstabsoffiziere werden sollten.[14]

Am 27. Mai 1940, also im zweiten Kriegsjahr, trat Stauffenberg seinen Dienst im Generalstab des Heeres an. Nachdem er im von Hitler geplanten Blitzkrieg gegen Polen erfolgreich in der 6. Panzerdivision gekämpft hatte, wechselte er die Front und beteiligte sich an der großen Westoffensive gegen Frankreich, Belgien und die Niederlande. Er kämpfte noch drei Jahre an verschiedenen Fronten, bevor er 1943 nach Tunesien kam und dort in einem Einsatz schwer verletzt wurde. Bei einem Tieffliegerangriff der Alliierten verlor Stauffenberg sein linkes Auge, die rechte Hand und zwei Finger an der linken Hand.[15] Von da an war Stauffenberg klar: „Hitler musste weg!"[16]

## 2.3 Widerstand

Die Nationalsozialisten hatten nach der Machtergreifung Hitlers 1933 mit äußerster Brutalität jegliche Opposition unterdrückt und mögliche Gegner verfolgt, eingesperrt oder umgebracht. Unter großen Risiken arbeiteten trotzdem im Verborgenen einzelne Gruppen. Der Historiker Golo Mann definierte Widerstand so:

„Widerstand, das ist politisches Tun, der Versuch, den Staat umzustürzen, der so stark, so furchtbar, so ruchlos war, dass er von innen nicht umgestürzt werden konnte." S. 910

---

[12] Ulrich Schlie, Claus Schenk Graf von Stauffenberg – Biografie, Seite 76, Zitat von Claus Schenk Graf von Stauffenberg (Schreibweise übernommen)
[13] Ulrich Schlie, Claus Schenk Graf von Stauffenberg – Biografie, Seite 76, Zitat von Claus Schenk Graf von Stauffenberg
[14] Ulrich Schlie, Claus Schenk Graf von Stauffenberg – Biografie, Seite 85
[15] Peter Hoffmann, Claus Schenk Graf von Stauffenberg – Die Biographie
[16] Ulrich Schlie in: Ulrich Schlie, Claus Schenk Graf von Stauffenberg – Biografie, Seite 112-113

Die bekanntesten Widerstandskämpfer sind Studenten wie die Weiße Rose unter der Führung von Sophie und Hans Scholl, aber auch Widerständler aus kommunistischen (zum Beispiel Rote Kapelle) und sozialdemokratischen Gruppen. Claus Graf von Stauffenberg gehörte zum militärischen Widerstand, der innerhalb der Wehrmacht an Unterstützung gewann, je mehr deutlich wurde, dass der Krieg nicht zu gewinnen war.

Für jeden, der im Widerstand kämpfte, gab es nur ein Ziel. Hitler musste weg, und ein Rechtsstaat neu aufgebaut werden. Claus Stauffenberg war eine der Personen, die am nächsten an der Verwirklichung dieses einen Wunsches war.[17] Das Attentat vom 20. Juli 1944 ging als symbolischer Gedenktag in die deutsche Geschichte ein. [18]

Stauffenbergs Gedanke an den Widerstand entwickelte sich nach den Kriegserfolgen in Polen und Frankreich ab 1940 stetig. Mitte 1942 erkannte er , dass der Krieg ein reines Verbrechen war und keine positiven Resultate mit sich bringen würde. Ein Vertrauter Stauffenbergs sagte, dass dieser 1942 nur mit „Heil!" grüßte, da er den Namen „Hitler" als abscheulich empfand.[19] Er habe sich auch empört über die Behandlung der sowjetischen Kriegsgefangenen geäußert. Er kämpfte zwar weiterhin für die Wehrmacht, hatte aber immer den Gedanken an den Widerstand im Hinterkopf. Im Herbst 1943 suchte er dann den Kontakt zu Hitlergegnern und Widerständlern, darunter Henning von Tresckow, der ab 1941 der Kopf des militärischen Widerstands war und selbst mehrere Attentate geplant hatte.[20] Erst Stauffenbergs Onkel Nikolaus Graf Üxküll sorgte dafür, dass er dem aktiven Widerstand beitreten konnte[21].

Stauffenberg war bis zum 20. Juli 1944 im aktiven Widerstand gegen Hitler, bis er nach dem missglückten Attentat in der Nacht erschossen wurde.

---

[17] Golo Mann, Deutsche Geschichte im 19 und 20. Jahrhundert, Seite 911
[18] Golo Mann, Deutsche Geschichte des 19. Und 20. Jahrhunderts, Seite 909-912
[19] Ulrich Schlie, Claus Schenk Graf von Stauffenberg – Biografie, Seite 104
[20] Golo Mann, Deutsche Geschichte des 19. Und 20. Jahrhunderts, Seite 912
[21] Ulrich Schlie, Claus Schenk Graf von Stauffenberg – Biografie, Seite 114

# 3 Der 20. Juli 1944

## 3.1 Durchführung

Am 20. Juli 1944 flog Stauffenberg zu einem Generalstabstreffen im Führerhauptquartier an der Wolfsschanze. Sein Adjutant Oberleutnant Werner von Haeften, der die Aktentasche mit den zwei Bomben mitführte, begleitete ihn. Im Führersperrkreis, der am besten gesicherten Zone der gesamten Wolfsschanze, sollte die Besprechung im Kartenraum im oberirdischen Bunker des Führers Adolf Hitler stattfinden.[22] Gegen 11 Uhr wurde Stauffenberg von Offizier Wilhelm Keitel, Chef des Oberkommandos der Wehrmacht, mitgeteilt, dass die „Mittagslage" – der Name der Besprechung – um eine halbe Stunde nach vorne verlegt wurde, da Mussolini und Hitler ein Treffen an diesem Tag geplant hatten. Nun hatte Stauffenberg keine Möglichkeit mehr, die Zünder scharf zu stellen, da ihm eine halbe Stunde fehlte.[23] Im Sperrkreis I in dem sogenannten OKW-Bunker trafen sich Stauffenberg, Keitel und Walter Buhle dann zu einer kurzen Verständigung. Im Bunker gab Stauffenberg dann vor, sein Hemd wechseln zu müssen, da es an diesem Sommertag enorm heiß war, und er seine volle Uniform trug. Zusammen mit seinem Assistenten Haeften begab sich Stauffenberg dann in einen Aufenthaltsraum. Dadurch, dass Stauffenberg nur eine Hand besaß, konnte er die Bombe nicht allein scharf stellen, und benötigte die Hilfe von Haeften. Sie waren grade dabei, die erste Bombe scharfzustellen, als General Fellgiebel, der in den Plan von Stauffenberg eingeweiht war und ebenfalls zu den aktiven Widerständlern gehörte, anrief und nach Stauffenberg verlangte. Oberfeldwebel Werner Vogel sollte Stauffenberg an das Telefon holen. Vogel betrat den Raum und unterbrach Stauffenberg und Haeften dabei, die zweite Bombe ebenfalls scharf zu stellen. Stauffenberg ging zusammen mit Vogel aus dem Raum und ließ Haeften allein. Dieser verstaute dann die zweite, noch nicht scharf gestellte Bombe in seiner eigenen Aktentasche. Zusammen mit Major John von Freyend und General der Infanterie Walter Buhle verließ Stauffenberg den OKW Bunker und ging in den Führersperrkreis. Freyend hatte Stauffenberg angeboten, die Tasche zu tragen, da dieser ja nur eine Hand hatte, aber Stauffenberg lehnte dies ab. Vor dem Eingang zum Bunker übergab er dann Freyend doch die Tasche, sagte aber gleichzeitig, Freyend möge sie doch bitte „möglichst nahe beim Führer […] platzieren"[24]. Im Kartenraum stellte Freyend die Tasche dann rechts neben General Heusinger und Oberst Brandt, die beide rechts neben Hitler

---

[22] Joachim Fest, Staatsstreich – Der lange Weg zum 20. Juli, Seite 258
[23] Ulrich Schlie, Claus Schenk Graf von Stauffenberg – Biografie, Seite 160
[24] Joachim Fest, Staatsstreich – Der lange Weg zum 20. Juli, Seite 260

standen. Um 12:38 ging Stauffenberg mit der Begründung, er habe etwas Wichtiges zu erledigen, aus dem Raum. Stauffenberg verließ den Bunker und begab sich zum Adjutanturgebäude der Wehrmacht, wo er auf Haeften und auf Fellgiebel traf. Als Hitler um 12:40 nach Stauffenberg verlangte, machte sich General Buhle auf die Suche. Kurz nachdem er den Raum verlassen hatte, explodierte die Bombe um 12:42.[25] Auf Fellgiebels gespielte Frage, was denn da los sei, schüttelte Stauffenberg den Kopf.[26]

## 3.2 Unmittelbare Folgen

Stauffenberg und Haeften erreichten gegen 13 Uhr den Flugplatz nach einigen Schwierigkeiten bei der Durchfahrt. Auf halber Strecke zum Flugplatz hatte Haeften die zweite Bombe aus dem Fenster geworfen. Stauffenberg und Haeften waren aufgrund der großen Detonation der festen Überzeugung, dass Hitler bei dem Attentat ums Leben gekommen sei. Gegen 15 Uhr rief Haeften in Berlin in der Bendlerstraße an, wo sich die Widerstandsgruppe um Stauffenberg aufgehalten hatte, und teilte mit, dass Stauffenberg und er heil gelandet seien, und Hitler tot sei. Daraufhin wurde die Operation Walküre ausgelöst. Diese Operation war ein von der Wehrmacht geplantes, aber geheimes Vorhaben, um im Falle eines revolutionären Umsturzversuches des Hitlerregimes alle wichtigen Dienststellen der Gestapo, NSDAP und SS mit Wehrmachtssoldaten zu besetzen. Von Tresckow, Oberstleutnant Robert Bernardis und Stauffenberg hatten diesen Plan so manipuliert, dass im Falle einer Auslösung die Stellen mit Soldaten besetzt wurden, die mit dem Widerstand sympathisierten und in den Plan von Stauffenberg eingeweiht waren.[27] Dann ging alles sehr schnell. Während Stauffenberg noch versuchte, darauf zu beharren, dass Hitler tot sei, liefen die Gegenmaßnahmen schon an. Viele Offiziere, die am Attentat beteiligt waren, mitgeplant hatten, wechselten die Seite und versuchten die Katastrophe von sich selbst abzuwenden. Gegen 23 Uhr abends wurde der Bendlerblock dann von der Panzer-Ersatzbrigade besetzt, und die meisten Verschwörer festgesetzt. Kurz nach Mitternacht wurden Stauffenberg, Haeften, und zwei Generäle, welche auch die Operation Walküre ausgelöst hatten, einzeln von Soldaten erschossen. Im August 1944, während der „Aktion Gewitter", einer Festnahmeaktion der Gestapo, wurden etwa 5000 Menschen festgenommen, darunter Sozialdemokraten, Liberale, Kommunisten, Gewerkschaftler und Mitglieder der Bayerischen

---

[25] Joachim Fest, Staatsstreich – Der lange Weg zum 20. Juli, Seite 261
[26] Ulrich Schlie, Claus Schenk Graf von Stauffenberg – Biografie, Seite 163
[27] Joachim Fest, Film: Operation Walküre 1971, Zeit: 1:30:00-1:34:00

Volkspartei.[28] Bis Mai 1945 inhaftierte die Gestapo weitere 700 Menschen, und exekutierte mehr als 110 Personen, darunter auch Oppositionelle, die das NS Regime schon vorher unter Verdacht hatte.

### 3.3 Warum das Attentat scheiterte

Im Wesentlichen gibt es drei Punkte, warum das Attentat scheiterte. Alle drei haben mit der Explosionswirkung der Bombe zu tun.

Der erste Punkt war die Problematik der Verfrühung. Die Lagebesprechung war eine halbe Stunde vorverlegt worden, da ein Treffen mit Mussolini anstand. Stauffenberg und seine Widerstandskameraden hatten damit gerechnet, dass ihnen eine halbe Stunde mehr Vorbereitungszeit bliebe. Dadurch mussten Haeften und Stauffenberg im Aufenthaltsraum die Bomben scharfstellen. [29]

Der zweite, und vielleicht entscheidende Punkt war der Anruf von Fellgiebel. Dieser wollte sich informieren, wie weit Stauffenberg mit der Vorbereitung war, und sorgte dafür, dass Stauffenberg und Haeften unterbrochen wurden, die zweite Bombe scharf zu stellen. Unklar ist allerdings, warum Haeften die zweite Bombe nicht zur ersten scharfen dazugelegt hatte, da die Detonation des ersten Pakets gereicht hätte, um die zweite Bombe zu zünden. [30]

Der dritte Punkt war ein weiterer unglücklicher Zufall. Im Moment der Detonation war Adolf Hitler mit seinem gesamten Oberkörper über den schweren Eichentisch gelehnt. Da die Tasche unter dem Tisch stand, schützte der Tisch Hitler bei der Explosion erheblich. Auch das Tischbein, vor dem Hitler gestanden haben soll, hat die Explosion maßgeblich abgedämpft.[31] Wenige Stunden nach dem Attentat zeigte Hitler dem eingetroffenen Mussolini stolz, was er überlebt hatte. [32]

---

[28] Joachim Fest, Staatsstreich – Der lange Weg zum 20. Juli, Seite 297
[29] Joachim Fest, Staatsstreich – Der lange Weg zum 20. Juli, Seite 258
[30] Joachim Fest, Staatsstreich – Der lange Weg zum 20. Juli, Seite 259
[31] Joachim Fest, Staatsstreich – Der lange Weg zum 20. Juli, Seite 261-263
[32] Joachim Fest, Staatsstreich – Der lange Weg zum 20. Juli, Seite 265 Bild 1, siehe Anhang

# 4 Die Sicht auf Stauffenberg und das Attentat

## 4.1 Der „Verräter" – Ein Feind des 3. Reiches

> Deutsche Volksgenossen und -genossinnen! Ich weiß nicht, zum wievielten Male nunmehr ein Attentat auf mich geplant und zur Ausführung gekommen ist. Wenn ich heute zu Ihnen spreche, dann geschieht es aus zwei Gründen: 1. Damit Sie meine Stimme hören und wissen, daß ich selbst unverletzt und gesund bin. 2. Damit Sie aber auch das Nähere erfahren über ein Verbrechen, das in der deutschen Geschichte seinesgleichen sucht. Eine ganze kleine Clique ehrgeiziger, gewissenloser und zugleich unvernünftiger, verbrecherisch-dummer Offiziere hat ein Komplott geschmiedet, um mich zu beseitigen und zugleich mit mir den Stab praktisch der deutschen Wehrmachtführung auszurotten.[33]

Dieses Zitat von Adolf Hitler unmittelbar nach dem Attentat auf ihn zeigt, wie sich die Regierung nach dem Attentat verhielt. Neben den Ermittlungen, wie das Attentat überhaupt hatte passieren können, wurde sofort eine Deutung vorgenommen: Hitler hatte überlebt – das sollte ein Zeichen sein. Reichspropagandaminister Goebbels und Hitler veröffentlichten Schriften, in denen steht, dass Hitler unverwundbar sei. Hitler selbst war der Meinung, dass dieser Fehlschlag eine weitere Bestätigung seines „Auftrages der Vorsehung"[34] und der weiteren Verfolgung seines Lebenszieles sei. Stauffenberg selber wurde als Verräter des deutschen Volkes angeprangert. Durch die vielen schnellen Hinrichtungen von Beteiligten am Attentat und anderweitigen Regierungskritikern, versuchte das NS-Regime, dem Volk zu zeigen, wer die Oberhand hat. Die Widerständler sollten keine Gelegenheit haben, ihren Attentatsversuch und ihre Gründe hierfür öffentlich darzustellen. Stauffenberg selber wurde als dummer, unbrauchbarer Verräter betitelt.[35] Der Historiker Joachim Fest schreibt, dass der englische Premierminister Winston Churchill den 20. Juli im Unterhaus als" inneren mörderischen Streit um die Macht" beschrieben habe.[36]

---

[33] https://www.1000dokumente.de/dokumente/audio/0083_ahr_001.mp3, Rundfunkansprache von Adolf Hitler, am 21. Juli 1944 um 1 Uhr, Minute: 0:00-1:02
[34] https://www.1000dokumente.de/dokumente/audio/0083_ahr_001.mp3, Minute: 1:32-1:38
[35] https://www.1000dokumente.de/index.html?c=dokument_de&dokument=0083_ahr&object=translation&st=&l =de
[36] Joachim Fest, Staatsstreich – Der lange Weg zum 20. Juli, Seite 321

## 4.2 „Der Held" – Rehabilitierung in der Nachkriegszeit

Das Attentat war ein „Zeichen der Ehre"[37]. An einen politischen Umsturz hatten die Widerständler des 20. Juli selbst kaum noch geglaubt, wie folgendes Zitat von Oberst Tresckow von der Ostfront an Stauffenberg gerichtet deutlich macht:

> „Denn es kommt nicht mehr auf den praktischen Zweck an, sondern darauf, dass die deutsche Widerstandsbewegung vor der Welt und vor der Geschichte den entscheidenden Wurf gewagt hat. Alles andere ist daneben gleichgültig."[38]

Doch unmittelbar nach dem Krieg waren auch die Besatzungsmächte nicht daran interessiert, den Widerstand öffentlich anzuerkennen.[39]

Joachim Fest meint, dass die Hitler Propaganda von der „ganz kleinen Clique ehrgeiziger Offiziere"[40] noch lange Zeit nach dem Untergang des Dritten Reiches in den Köpfen der Alliierten und der Deutschen gesteckt habe. Der Widerstand sei auch benutzt worden, um „der Kollektivschuldthese" entgegenzutreten. Die Attentäter zeigten, dass nicht alle Deutschen blinde Gefolgsleute Hitlers gewesen waren.[41]

Stauffenberg hatte versucht, den Führer zu töten und dem Krieg und den grausamen Massenvernichtungen ein vorzeitiges Ende zu machen. Allerdings gab es den Beigeschmack eines missglückten Staatsstreichs, Stauffenberg war selbst bei der Wehrmacht gewesen, und hatte aktiv im Krieg für Hitler gekämpft. Nun wussten die Menschen nicht, was sie von Stauffenberg halten sollten, da er von 1933-1944 zwei sehr verschiedene politische Einstellungen vertreten hatte.[42] Juristisch gesehen war das, was Stauffenberg getan hatte, Verrat am eigenen Land, moralisch konnte dem aber keiner etwas Negatives abgewinnen. Gleichzeitig wurde das Attentat vom 20. Juli nur mit der Person Stauffenberg verknüpft, obwohl es eine sehr unterschiedlich geprägte Widerstandsgruppe war.[43]

Einige Jahre nach dem Krieg wurden viele Bücher über Stauffenberg verfasst, viele Politiker lobten ihn in hohen Tönen.[44] Der Widerstand in Deutschland war so zu der einen Person geworden, die versucht hatte, dem Leid ein Ende zu setzen und sich dem verbrecherischen Regimes entgegenzustellen.

---

[37] Golo Mann, Deutsche Geschichte des 19. Und 20. Jahrhunderts, Seite 913
[38] Oberst Tresckow in: Golo Mann, Deutsche Geschichte des 19. Und 20. Jahrhunderts, Seite 913
[39] Joachim Fest, Staatsstreich, Der lange Weg zum 20. Juli Seite 321
[40] Joachim Fest, Staatsstreich, Der lange Weg zum 20. Juli Seite 325
[41] Joachim Fest, Staatsstreich, Der lange Weg zum 20. Juli Seite 326
[42] Ulrich Schlie, Claus Schenk Graf von Stauffenberg – Biografie, Seite 160
[43] Ulrich Schlie, Claus Schenk Graf von Stauffenberg – Biografie, Seite 161
[44] Ulrich Schlie, Claus Schenk Graf von Stauffenberg – Biografie, Seite 162

## 4.3 Gedenken in den 1960er und 1970er Jahren

## 4.3.1 BRD

In den unmittelbaren Nachkriegsjahren wurde der verbrecherische Charakter des Nationalsozialismus von vielen Deutschen noch nicht anerkannt. Die Widerständler galten vielen noch als Vaterlandsverräter, die „die „Abwehrkräfte der Wehrmacht geschwächt" hatten.[45]

In den 1960er und 1970er Jahren nahm das Wissen der jüngeren Generation über das Attentat Stauffenbergs ab. Eine Umfrage des Meinungsforschungsinstituts IfD Allensbach im April 1970 zeigt, dass 60 Prozent der Bevölkerung der BRD über 30 Jahren wussten, was das Datum 20. Juli 1944 bedeutet, während nur 46 Prozent unter 30 Jahren über das Attentat Bescheid wussten. Positiv bewerteten 40 Prozent der Bevölkerung das Attentat, 7 Prozent waren dagegen. 53 Prozent hatten keine Meinung dazu, oder wussten zu wenig, um sich eine Meinung bilden zu können.[46]

Bei den unter 30-Jährigen war das Interesse für den 20. Juli 1944 ebenfalls nicht hoch. Das zeigt sich auch daran, dass 66 Prozent kein Urteil zu dem Attentat hatten. [47]

Es zeigt sich also insgesamt, dass das Interesse für Stauffenberg in den 1960er und 1970er Jahren abgenommen hatte. Viele Menschen begegneten dem Attentat und der Person mit Gleichgültigkeit und Desinteresse. Trotzdem wurde Stauffenberg von den meisten eher als Held angesehen, und nicht als Verräter des deutschen Reichs.[48]

Die großen NS-Prozesse in den 60er Jahren, zwangen die Menschen in Deutschland zu einer Konfrontation mit den NS-Verbrechen an den Juden, an Behinderten, an Sinti und Roma. Es ging um Schuld und Verantwortung. „Der Widerstand schien geeignet, die Last der Verbrechen, der Schuld, der Verantwortungslosigkeit zu verringern", schreibt der Historiker und Leiter der Gedenkstätte Deutscher Widerstand, Peter Steinbach 2012 in einem Essay im Deutschlandfunk.

---

[45] Peter Steinbach – Essay DLF 2012 „Nach Hitler kommen wir – der nachkriegsdeutsche Streit um den Widerstand gegen das NS-Regime", Seite 4
[46] Umfrage: Wissen um den 20. Juli 1944, IfD Allensbach, 1971: Umfrage 2026, Statistik 1
[47] Umfrage: Wissen um den 20. Juli 1944: Umfrage 2026, Statistik 3
[48] Umfrage: Wissen um den 20. Juli 1944: Umfrage 2026, Statistik 1, 2, 3

Schon in den 60er Jahren, so Steinbach, hätten Politiker unter dem Hinweis auf den Widerstand gefordert, „Deutschland solle selbstbewusst aus dem Schatten von Auschwitz heraustreten."[49]

Vor der Gründung der Bundeswehr in den 50er Jahren stellte sich ein Problem dar. Die gesamte Institution musste von ehemaligen Soldaten der Wehrmacht aufgebaut werden. Die Geburtsjahrgänge bis 1927 wurden fast komplett von der Wehrmacht in den Krieg mit einbezogen. Da die Bundeswehr eine eigene Tradition aufweisen wollte, war sie bemüht, die Haltung zum 20. Juli und seinen Beteiligten in einem guten Licht darzustellen. Dem kam Zugute, dass viele Offiziere, die im Umkreis um den Widerstandskreis des 20. Juli gewesen waren, bei der Gründung der Bundeswehr beteiligt waren. Das machte es einfacher, den Bezug zum Widerstand gegen Hitler zu erhalten.[50] Im Mai 1955 trat der Deutschlandvertrag in Kraft, der Deutschland die Gründung eines Militärs zu Verteidigungszwecken erlaubte. Gleichzeitig trat Deutschland der NATO bei. Nun musste geprüft werden, ob Offiziere für eine leitende Funktion bei der Bundeswehr geeignet waren. Das übernahm der Personalgutachterausschuss des Bundestags und nannte als Hauptprüfpunkt die Einstellung der Offiziere zum 20. Juli. Zwar wurden ebenfalls ehemalige Wehrmachtsoffiziere eingesetzt, die auch Jahre danach noch den Verrat Stauffenbergs im Hinterkopf gehabt haben, es wurde aber nicht mehr gestattet, diese Meinung in der Bundeswehr zu verbreiten.[51] 1956 begann die Regierung dann damit, Bundeswehrkasernen nach Personen zu benennen, die bei dem Attentat des 20. Juli beteiligt waren. Den Anfang machte die „Generaloberst-Beck-Kaserne" in Sonthofen, das, so Schlie, im zweiten Weltkrieg als „NS-Ordensburg"[52] gegolten haben soll. Die „Graf von Stauffenberg Kaserne" wurde am 20. Juli 1961 anlässlich des Gedenktages an die Widerständler in Sigmaringen in Baden-Württemberg nach ihm benannt.[53]

---

[49] Peter Steinbach – Essay DLF 2012 „Nach Hitler kommen wir – der nachkriegsdeutsche Streit um den Widerstand gegen das NS-Regime", Seite 4
[50] Ulrich Schlie, Claus Schenk Graf von Stauffenberg – Biografie, Seite 182
[51] Ulrich Schlie, Claus Schenk Graf von Stauffenberg – Biografie, Seite 183
[52] Ulrich Schlie, Claus Schenk Graf von Stauffenberg – Biografie, Seite 183
[53] https://www.sueddeutsche.de/politik/schliessung-des-standorts-sigmaringen-gesucht-eine-neue-kaserne-fuer-stauffenberg-1.1256749

## 4.3.2 DDR

In der BRD wurde der kommunistische Widerstand lange geleugnet und nur der militärische und christliche Widerstand gesehen. Umgekehrt kannte die DDR lange nur den kommunistischen Widerstand. In der DDR lebte unter der sowjetischen Besatzungsmacht der Kommunismus auf. Durch die sowjetische Prägung wurden in Ostdeutschland die Attentäter und Widerständler gegen das NS Regime im zweiten Weltkrieg als kommunistische Helden gefeiert. Stauffenberg war das Wahrzeichen des Widerstandes.[54] Das gilt für West- und für Ostdeutschland. Die Politiker der Bundesrepublik erklärten die Männer und Frauen des 20. Juli 1944 als Vorbilder für das Grundgesetz und den Aufbau eines freiheitlichen Staates.[55] Gleichzeitig beanspruchte auch die DDR-Führung, „Vollstrecker des Vermächtnisses antifaschistischer Widerstandskämpfer zu sein"[56] Erst in den 80er Jahren, so Peter Steinbach, habe sich diese Inanspruchnahme des militärischen Widerstands in eine „gesamtdeutsche Dimension" erweitert.

## 4.4 Das Gedenken Heute

Tresckow sagte einmal: „Der sittliche Wert eines Menschen beginnt erst dort, wo man bereit ist, für seine Überzeugung sein Leben hinzugeben."[57]

Heute ist dieser Satz die Definition dafür, ein Held zu sein. Stauffenberg hat exakt das getan. Er war bereit, sein Leben dafür zu opfern, um Hitler zu töten. Die Frage, ob er es geschafft hat, oder nicht, spielt keine Rolle mehr. Jedes Jahr am 20. Juli wird den Menschen gedacht, die versucht haben, Hitler zu töten und dem Leid ein Ende zu setzen.

---

[54] https://www.tlz.de/web/zgt/leben/detail-/specific/Hitler-Attentat-Unterschiedliche-Aufarbeitung-in-Ost-und-West-1692049987
[55] Peter Steinbach – Essay DLF 2012 „Nach Hitler kommen wir – der nachkriegsdeutsche Streit um den Widerstand gegen das NS-Regime", Seite 3
[56] Peter Steinbach – Essay DLF 2012 „Nach Hitler kommen wir – der nachkriegsdeutsche Streit um den Widerstand gegen das NS-Regime", Seite 3-4
[57] https://1000-zitate.de/autor/Henning+von+Tresckow/

# 5 Zusammenfassung und Ausblick

75 Jahre nach dem Attentatsversuch wird weiter über die Persönlichkeit und die Motive Stauffenbergs diskutiert. Dazu erschienen zahlreiche Artikel und viele Bücher.

Es wird deutlich, dass sich die Sicht auf das Attentat und die Persönlichkeit Stauffenbergs im Laufe der Zeit immer wieder verändert. Dies hängt damit zusammen, wie die deutsche Gesellschaft auf die Zeit des Nationalsozialismus blickt. Lange Zeit wurde das Attentat mit Gleichgültigkeit behandelt, im Krieg und teilweise danach als Verrat betitelt. Obwohl viele Politiker versucht haben, Stauffenberg als Vorbild und als Held darzustellen, beispielsweise bei der Gründung der Bundeswehr, dauerte es einige Zeit, bis diese Sicht von der breiten Bevölkerung akzeptiert wurde. Immer wieder wurde die militärische Karriere bei der Wehrmacht, und seine Beteiligung an Feldzügen des dritten Reiches kritisiert und in den Vordergrund gestellt. Ebenfalls wird kritisiert, dass der Tod von Hitler zu diesem Zeitpunkt überhaupt nichts mehr gebracht hätte. Insgesamt beeindruckt aber zusehends die Persönlichkeit, die Konsequenz und die Opferbereitschaft, die Stauffenberg an den Tag legte.

Es ist klar, dass Stauffenberg ein Mensch seiner Zeit war, und alles dafür getan hat, seine militärische Karriere aufzubauen. Aber an einem Punkt hat er erkannt, dass er versuchen muss, etwas gegen diese Macht zu unternehmen, der er sich Jahre unterstellt hatte. Vielleicht hätte Stauffenberg nichts mehr am Ausgang des Krieges ändern können. Aber er hat trotz seines Scheiterns gezeigt, dass das Gewissen des Einzelnen ein Zeichen in der Geschichte setzen kann.

16

# 6 Literaturverzeichnis

Primärquellen:

Literatur:

- Fest, Joachim: Staatsstreich. Der lange Weg zum 20. Juli. Vierte Auflage. Berlin: Wolf Jobst Siedler Verlag GmbH, 1994.
- Mann, Golo: Deutsche Geschichte des 19. Und 20. Jahrhunderts. Sechste Auflage. Frankfurt am Main: S. Fischer Verlag, Büchergilde Gutenberg, 1958.
- Schlie, Ulrich: Claus Schenk Graf von Stauffenberg. Biografie. Erste Auflage. Freiburg im Breisgau: Verlag Herder GmbH, 2018.

Internetquellen:

- Blechschmidt, Peter: Gesucht: Eine neue Kaserne für Stauffenberg. In: Süddeutsche Zeitung vom 13.01.2012. https://www.sueddeutsche.de/politik/schliessung-des-standorts-sigmaringen-gesucht-eine-neue-kaserne-fuer-stauffenberg-1.1256749 [15.03.2019]
- Engel, Esteban; Kaczmarek, Hartmut: Hitler-Attentat. Unterschiedliche Aufarbeitung in Ost und West. In: Thüringische Landeszeitung vom 21.06.2014. https://www.tlz.de/web/zgt/leben/detail/-/specific/Hitler-Attentat-Unterschiedliche-Aufarbeitung-in-Ost-und-West-1692049987 [17.03.2019]
- Wikipedia.org. 28.02.2004. Update: 09.03.2019 https://de.wikipedia.org/wiki/Claus_Schenk_Graf_von_Stauffenberg [10.03.2019]

Sonstige Quellen:

- Hitler, Adolf, Volltext Adolf Hitler, Rundfunkansprache vom 21. Juli 1944, 1.00 Uhr. MP3 Datei. https://www.1000dokumente.de/dokumente/audio/0083_ahr_001.mp3 [12.03.2019]
- Institut für Demoskopie Allensbach: Erinnerung an den 20. Juli verblasst. Allensbacher Kurzbericht inklusive Umfrage aus 1971 vom 17.06.2014. https://www.ifd-allensbach.de/uploads/tx_reportsndocs/PD_2014_13.pdf [14.03.2019]
- Steinbach, Peter: Nach Hitler kommen wir. Der nachkriegsdeutsche Streit um den Widerstand gegen das NS-Regime. Deutschlandfunk Podcast vom 15.07.2012.

https://www.deutschlandfunk.de/nach-hitler-kommen-wir.1184.de.html?dram:article_id=216422 [01.03.2019]

Sekundärquellen:

Literatur:

- Bußmann, Walter in: Schlie, Ulrich: Claus Schenk Graf von Stauffenberg. Biografie. Erste Auflage. Freiburg im Breisgau: Verlag Herder GmbH, 2018.
- Jacobsen, Hans-Adolf in: Schlie, Ulrich: Claus Schenk Graf von Stauffenberg. Biografie. Erste Auflage. Freiburg im Breisgau: Verlag Herder GmbH, 2018.
- Von Tresckow, Henning in: Mann, Golo: Deutsche Geschichte des 19. Und 20. Jahrhunderts. Sechste Auflage. Frankfurt am Main: S. Fischer Verlag, Büchergilde Gutenberg, 1958.

Internetquellen:

- Hitler, Adolf in: Volltext Adolf Hitler, Rundfunkansprache vom 21. Juli 1944, 1.00 Uhr.
  https://www.1000dokumente.de/index.html?c=dokument_de&dokument=0083_ahr&object=translation&st=&l=de [12.03.2019]
- Von Tresckow, Henning in: https://1000-zitate.de/autor/Henning+von+Tresckow/ [17.03.2019]

Sonstige Quellen:

- IFD Allensbach Umfragen in: Fest, Joachim: Operation Walküre. Stauffenbergs Attentat auf Hitler. 2 Teiliges Doku Drama aus 1971.

# 7 Anhang

Anhang 1 wurde aus urheberrechtlichen Gründen entfernt.

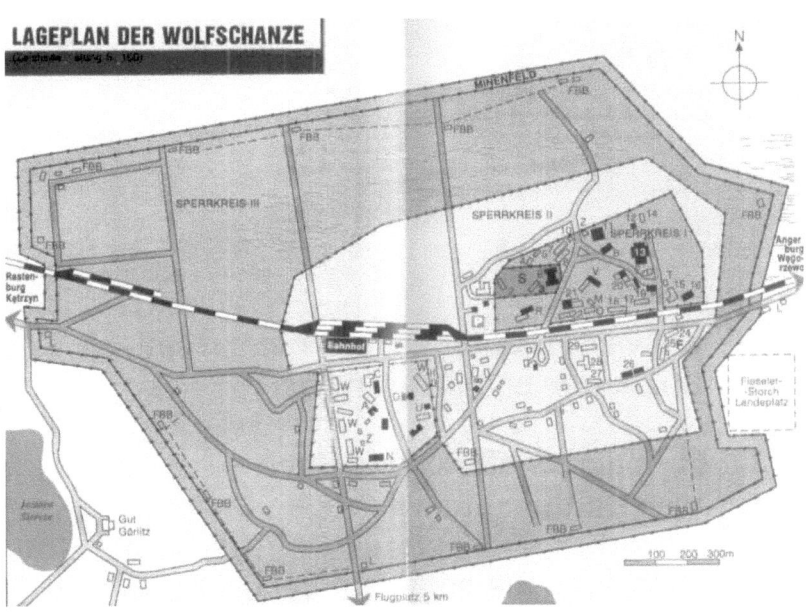

Anhang 2: Der Lageplan der Wolfschanze mit dem in Orange eingezeichneten Führersperrkreis innerhalb des Sperrkreises I.